Baobab heißt der Affenbrotbaum, in dessen Schatten sich die Menschen Geschichten erzählen. Baobab heißt auch die Buchreihe, in der Bilderbücher, Kindergeschichten und Jugendromane aus Asien, Afrika, Lateinamerika und dem Nahen Osten in deutscher Sprache erscheinen. Sie wird vom Kinderbuchfonds Baobab herausgegeben, einer Arbeitsstelle von terre des hommes schweiz und der Erklärung von Bern.

Der wunderbare Baum

Erscheint in der Reihe Baobab beim NordSüd Verlag
Herausgeber: Kinderbuchfonds Baobab, Basel, Switzerland

Originalausgabe

Copyright © 2009 NordSüd Verlag AG, CH-8005 Zürich, Switzerland
Alle Rechte, auch die der Bearbeitung und auszugsweisen Vervielfältigung, gleich durch welche Medien, vorbehalten.

Illustration: John Kilaka
Text: Mündlich überlieferte Geschichte aus Tansania, nacherzählt und adaptiert von John Kilaka.
Aus dem Kisuaheli ins Englische übertragen von Kenny Kilaka und Oksana Richard.
Übersetzung aus dem Englischen: Barbara Brennwald
Lektorat: Sonja Matheson
Druck: Proost N.V., Turnhout, Belgien

ISBN 978-3-314-01692-9

www.baobabbooks.ch
www.nord-sued.com

John Kilaka

Der wunderbare Baum

Ein Bilderbuch aus Tansania

Nach einer mündlichen Überlieferung aus Tansania,
nacherzählt von John Kilaka

Aus dem Englischen von Barbara Brennwald

NordSüd

Vor langer Zeit schlossen sich die großen und die kleinen Tiere zusammen und lebten alle miteinander.

Als eines Tages der Regen ausblieb, vertrocknete der Boden und der Hunger zog ins Land. Die Tiere hatten nicht mehr genug zu essen.

Zum Glück fanden sie einen großen Baum, der trotz der Dürre wunderbare Früchte trug. Sie schienen reif und dufteten herrlich, aber sie fielen einfach nicht herunter. Alle rüttelten und schüttelten, doch der Baum gab seine Früchte nicht her.

Die versammelten Tiere wurden immer hungriger. »Wie kommen wir nur an diese Früchte heran?«, rätselten sie.

»Ich habe eine Idee«, meinte schließlich die Häsin. »Warum fragen wir nicht die weise Schildkröte? Sie hat vielleicht einen Rat.«

»Wunderbar! Tolle Idee! Das machen wir!«, stimmten die anderen zu.

Die Häsin bot an, sich gleich auf den Weg zur Schildkröte zu machen. Damit waren die größeren Tiere nun aber ganz und gar nicht einverstanden: »Du bist zu klein. Du könntest dir den Rat der weisen Schildkröte ja doch nicht merken. Überlass das mal uns Großen.«

Der Elefant und der Büffel wurden dazu bestimmt, die Schildkröte aufzusuchen.

Als die zwei bei der Schildkröte ankamen, grüßten sie höflich und fragten: »Schildkröte, wir alle sind sehr hungrig. Da ist dieser Baum mit wunderbaren Früchten, aber sie fallen einfach nicht herunter. Weißt du vielleicht, wie wir sie ernten können?«
»Ach, den Baum kenne ich«, antwortete die Schildkröte. »Der gibt seine Früchte nur her, wenn man ihn bei seinem Namen ruft. Ich sehe, ihr seid hungrig. Also, hör gut zu, Elefant, du bist groß und alt genug, du kannst dir das merken: Ntungulu Mengenye. So heißt der Baum.«
»Du meinst, wir brauchen nur seinen Namen zu sagen, und dann schenkt er uns seine Früchte?«
»Ja, Ntungulu Mengenye. Das ist alles.«
Der Elefant und der Büffel waren zufrieden. »Sehr freundlich, Schildkröte, vielen Dank. Wir gehen dann gleich los. Die anderen warten bestimmt schon.«

So eilten die zwei großen Tiere nach Hause. Aber ach! Auf dem Weg stolperte der alte Elefant und stürzte.

»Aaah, auaah …« Ächzend und nur mit Hilfe des Büffels kam er wieder auf die Beine. Er klopfte sich den Staub ab. Das war geschafft. Aber …

»Sag, Büffel, erinnerst du dich an den Namen des Baumes?«

»Ich? Wieso ich? Du bist doch der Große, der aufmerksam zuhören sollte. Wie kommst du jetzt darauf, mich zu fragen«, meinte der Büffel.

»Ich bin doch gestürzt und da ist mir der Name entfallen«, verteidigte sich der Elefant kleinlaut.

Und so kam es, dass die beiden ihren Weg ohne den wichtigen Namen fortsetzten.

Die anderen Tiere warteten schon gespannt auf die Rückkehr des Elefanten und des Büffels. »Nun, wusste die Schildkröte Rat?«

Es dauerte eine Weile, bis der Elefant antwortete. »Ähäm … ja, wir haben die Schildkröte gefunden. Sie war sehr freundlich und hat uns das Geheimnis des Baumes verraten: Wir müssen ihn bei seinem Namen rufen. Aber auf dem Heimweg bin ich leider hingefallen und danach konnte ich mich beim besten Willen nicht mehr an den Namen erinnern.«

Die Tiere waren sehr enttäuscht. »Also wirklich, so ein großer Elefant vergisst so etwas Kleines wie den Namen eines Baumes!«

Klar, dass sich die hungrigen Tiere ärgerten.

Nun sollten das Nashorn, die Giraffe und das Zebra die Schildkröte um Hilfe bitten, und die drei machten sich auf den Weg.

»Bitte verzeih, wenn wir dich stören. Aber der Elefant und der Büffel haben den Namen des Baumes auf dem Heimweg vergessen. Wärst du so freundlich, ihn uns noch einmal zu verraten?«

»Tatsächlich? Die zwei haben Ntungulu Mengenye vergessen?«, wunderte sich die Schildkröte. »Ihr müsst wirklich nur diesen Namen sagen und die Früchte werden euch vor die Füße fallen. Am besten singt ihr auf dem Rückweg einfach immer Ntungulu Mengenye, dann kann nichts schiefgehen. Alles klar?«

»Oh, das können wir uns leicht merken. Vielen Dank für deine Hilfe, liebe Schildkröte. Wir machen uns auf den Weg.«

Das Trio befolgte den Rat der Schildkröte und sang Ntungulu Mengenye, Ntungulu Mengenye im Chor. Die Giraffe ging voran. Doch hoppla! Sie fiel aus dem Rhythmus, als ein paar grüne Blätter sie an der Nase kitzelten.

»Moment, wartet mal kurz. Ich bin so hungrig. Ich möchte diese Blätter essen«, sagte die Giraffe.

»He, lass das, wir haben es eilig«, mahnten das Zebra und das Nashorn. Aber da kaute die Giraffe schon genüsslich.

»So, weiter geht's. Aber sagt mal, wisst ihr den Namen des Baumes noch?«, fragte die Giraffe.

»Nein, wir doch nicht. Warum musstest du stehen bleiben und diese Blätter essen?«, entrüsteten sich das Zebra und das Nashorn.

Wie sehr sie sich auch anstrengten, der Zaubername fiel ihnen nicht wieder ein.

Die Tiere warteten schon unter dem Baum. »Nun? Habt ihr den Namen?«

»Äh … nein. Die Schildkröte war freundlich, aber auf dem Rückweg fand die Giraffe ein paar grüne Blätter. Wir haben sie gewarnt. Leider haben wir den Namen dabei vergessen«, berichtete das Nashorn.

»Das ist ja kaum zu glauben. Ihr habt alle drei den Namen vergessen? Löwe, Leopard! Nun geht ihr zur Schildkröte.«

Und so geschah es.

»Entschuldige, dass wir noch einmal kommen, Schildkröte. Es ist unerklärlich, aber die Giraffe, das Nashorn und das Zebra haben auf dem Rückweg den Namen des Baumes verloren. Würdest du ihn uns noch einmal sagen?«, bat der Löwe.

»Hm. Wie kann man denn Ntungulu Mengenye vergessen? So schwer ist das doch nicht«, meinte die Schildkröte. »Also, hört gut zu: Sobald ihr unter dem Baum steht, ruft ihr Ntungulu Mengenye. Dann wird es Früchte regnen.«

»Das ist alles? Sehr freundlich. Vielen Dank, liebe Schildkröte. Wir gehen dann gleich, bevor wir das noch mal vergessen«, sagte der Löwe und zog mit dem Leoparden davon.

Die beiden waren eiligen Schrittes unterwegs, als der Löwe plötzlich erstarrte. Da raschelte doch etwas? »Runter«, zischte er dem Leoparden zu, duckte sich und verschwand im hohen Steppengras.

Doch die Fährte führte nirgendwohin, ohne Beute kehrte er enttäuscht zurück und die beiden setzten ihren Weg fort.

»Du, Leopard … Erinnerst du dich noch an den Namen? Ich fürchte, ich habe ihn vergessen.«

»Oh nein, das ist ganz alleine deine Schuld. Warum hast du dich auch ablenken lassen? Du und deine Jägerei. Vor lauter Schreck habe ich den Namen auch vergessen«, wehrte sich der Leopard.

Wie auch immer, die beiden hatten keine Wahl. Sie mussten ohne den Namen weiter.

Die hungrigen Tiere empfingen die zwei erwartungsvoll: »Wie steht's, wie heißt unser Baum denn nun? Habt ihr den Namen?«

Die beiden Raubtiere räusperten sich: »Wir wissen ihn leider nicht mehr. Auf dem Rückweg raschelte es im Gebüsch, und da haben wir den Namen vergessen.«

Nun wurde es den kleinen Tieren zu bunt. Die Großen hatten es nicht geschafft, sich den Namen des Baumes zu merken, dabei waren sie doch wirklich hungrig.

»Was seid ihr für eine Hilfe? Erst wolltet ihr nicht, dass die Häsin zur Schildkröte geht, weil sie zu klein sei. Dann kommt ihr ein ums andere Mal mit leeren Händen zurück. Wir werden alle noch vor Hunger sterben. Wir schicken jetzt die Häsin, dann werden wir ja sehen.«

Die großen Tiere konnten darauf nicht mehr viel erwidern. Und so eilte die Häsin los, um die Schildkröte abermals nach dem wichtigen Namen zu fragen.

Ganz außer Atem klopfte die Häsin an die Tür.

»Herein«, sagte die Schildkröte überrascht.

»Entschuldige die Störung. Ich brauche den Namen des Baumes. Die großen Tiere haben ihn alle auf dem Rückweg wieder vergessen«, berichtete die Häsin.

»So viele haben mich nach dem Geheimnis gefragt. Kaum zu glauben, dass sich das keiner merken konnte. Und nun kommst du. Bist du sicher, dass du das schaffst?«, fragte die Schildkröte die Häsin.

»Ja, ich werde ihn bestimmt nicht vergessen. Du kannst ihn mir anvertrauen. Bitte!«

»Nun gut, zum allerletzten Mal: Wenn du beim Baum bist, rufst du Ntungulu Mengenye«, erklärte die Schildkröte streng, »und die Früchte werden runterfallen.«

»Ntungulu Mengenye? Das ist der Name, den alle andern vergessen haben?«, fragte die Häsin. »Das ist ja leicht.«

»Ja. Ntungulu Mengenye. Das ist alles.«

»Vielen Dank, liebe Schildkröte.«

Die Häsin rannte, was das Zeug hielt, und schaute nicht rechts und nicht links.
Es ging auch nicht lange, da war sie wieder beim Baum. Viele Tiere waren schon matt vor Hunger.
»Hallo, Freunde«, rief sie ihnen zu. »Stellt euch vor, ich habe den Namen des Baumes!«
Da kam Leben in die Tiere. Sie klatschten Beifall. Nur einige flüsterten sich zu:
»Meinst du, sie hat den Namen wirklich? Bis jetzt hat es niemand geschafft.«
»Alle mal beiseitetreten! Sobald wir den Baum bei seinem Namen rufen, geht es los.«
»Nun mach schon. Wir haben Hunger. Sag den Namen endlich«, drängten die Tiere.
»Ntungulu Mengenye, Ntungulu Mengenye!«, rief die Häsin laut.
Und noch während sie die Worte aussprach, begannen die Früchte zu fallen.
Wie ein heftiger Wolkenbruch – pam, tapam, taratapam. Taratapampampam!

Welch ein Fest! Alle aßen, so viel sie konnten. Und wenn die Häsin Ntungulu Mengenye rief, fielen noch mehr Früchte herunter. Einige Tiere waren so satt, dass sie sich hinlegen mussten.

Schließlich wandten sich die großen Tiere an die Häsin und sagten: »Hätten wir das vorher gewusst, hätten wir dich gleich zur Schildkröte geschickt. Verzeih. Wir haben dir das nicht zugetraut.«

Somit war die Hungersnot vorbei. Die großen wie die kleinen Tiere genossen das Leben – und aßen jeden Tag frische Früchte.

NACHWORT

Diese Geschichte habe ich im Jahr 2007 in einem Dorf im Südwesten Tansanias auf Tonband aufgenommen. Ganz in der Nähe des Dorfes, in dem ich geboren wurde. »Der wunderbare Baum« wurde mir in Fipa erzählt, das ist meine Muttersprache. Ich habe die Geschichte danach in Kisuaheli aufgeschrieben, da nur sehr wenige Menschen Fipa verstehen. »Ntungulu Mengenye« ist übrigens auch in unserer Sprache ein Fantasiewort, aber wir haben viele Wörter die ähnlich klingen. Dank der Unterstützung von Berndt und Kerstin Santesson und Daniel Augusta konnte ich während zwei Jahren mit meinem Aufnahmegerät solche traditionellen Geschichten, wie sie teilweise seit Jahrhunderten erzählt werden, festhalten. Jedes Mal, wenn eine Geschichte wieder erzählt wird, ändert sie sich ein bisschen. Aber leider ist es so, dass immer seltener Geschichten erzählt werden, manche sind bereits vergessen. Ich möchte dazu beitragen, diesen Teil der Kultur in Tansania zu erhalten.

Hauptberuflich bin ich jedoch Künstler. Schon als Kind habe ich gerne gemalt, damals mit Kreide auf der Wandtafel in der Schule. 1990 begann ich mit dem Studium der Tingatinga-Malerei und nahm dazu Unterricht in Dar es Salaam. Edward Saidi Tingatinga hieß ein begabter Maler Tansanias, nach ihm ist dieser Malstil benannt. Tiere sind sehr wichtig in dieser Malerei, wie auch in diesem Buch zu sehen ist. Ich habe vor einigen Jahren gemerkt, dass ich besonders viel Freude daran habe, für Kinder zu malen, und so habe ich begonnen, Bilderbücher zu illustrieren; »Der wunderbare Baum« ist mein drittes Buch. Ich freue mich sehr, dass auf diese Weise auch Kinder in Europa die Geschichten aus Tansania kennen lernen können, und hoffe, sie werden viele Male erzählt.

John Kilaka, im Januar 2009